BEI GRIN MACHT SICH IHR WISSEN BEZAHLT

- Wir veröffentlichen Ihre Hausarbeit,
  Bachelor- und Masterarbeit

- Ihr eigenes eBook und Buch -
  weltweit in allen wichtigen Shops

- Verdienen Sie an jedem Verkauf

Jetzt bei www.GRIN.com hochladen und kostenlos publizieren

Sven Langjahr

Der späte Günter Grass und "Die Rättin"

GRIN Verlag

Bibliografische Information der Deutschen Nationalbibliothek:

Die Deutsche Bibliothek verzeichnet diese Publikation in der Deutschen National-
bibliografie; detaillierte bibliografische Daten sind im Internet über http://dnb.d-
nb.de/ abrufbar.

Impressum:

Copyright © 2012 GRIN Verlag GmbH
Druck und Bindung: Books on Demand GmbH, Norderstedt Germany
ISBN: 978-3-656-53910-0

Dieses Buch bei GRIN:

http://www.grin.com/de/e-book/264496/der-spaete-guenter-grass-und-die-raettin

GRIN - Your knowledge has value

Der GRIN Verlag publiziert seit 1998 wissenschaftliche Arbeiten von Studenten, Hochschullehrern und anderen Akademikern als eBook und gedrucktes Buch. Die Verlagswebsite www.grin.com ist die ideale Plattform zur Veröffentlichung von Hausarbeiten, Abschlussarbeiten, wissenschaftlichen Aufsätzen, Dissertationen und Fachbüchern.

Besuchen Sie uns im Internet:

http://www.grin.com/

http://www.facebook.com/grincom

http://www.twitter.com/grin_com

Der späte Günter Grass und der Nobelpreis:
als Beispieltext *Die Rättin*

Ein Essay von S. Langjahr

1. Der späte Günter Grass und der Nobelpreis: als Beispieltext *Die Rättin* (publiziert 1986)

Günter Grass ist so etwas wie der Frankenstein der deutschen Nachkriegsliteratur gewesen - er schafft immer wieder eigentümliche Figuren, so als seien sie dem Laboratorium des Doktor Faustus entsprungen und schlimmer. (z.B: redende Fische, kleine zwergenwüchsige Männer, ...)

1999 wird Günter Grass als Autor ausgesprochen erfolgreich, er erhält den Nobelpreis. Die sogenannte Nobelvorlesung steht an und Grass liest aus dem 5ten Kapitel seines Romans *Die Rättin* (1986). Eine schöne Möglichkeit um die Poetik von Grass etwas darzustellen. Zitat: "Viele Menschen, Ärzte und Wissenschaftler voran, müssten ausführlich nach Stockholm schreiben und alle Verdienste der Ratten auflisten, damit die Herren dort endlich begreifen wie armselig die Humanmedizin und die Biochemie und die Grundlagenforschung und was noch alles ohne das Rattengeschlecht aussähe. Deine Chancen, Rättin, stehen nicht schlecht. [...] Plötzlich wird, nachdem Neues aus der Wissenschaft angesagt ist, nicht irgendein Weltraum- und Satellitenquatsch gesendet, vielmehr ist ausführlich von dir die Rede, weil du - freue dich! endlich den Nobelpreis bekommen hast und zwar für Verdienste auf dem Gebiet der Genforschung. Umfassend erinnert der Sprecher an deine Vorgänger, die Professoren Watson und Crick, die dazumal - mehr als zwanzig Jahre ist es her - für die von ihnen aufgedeckte DNS-Struktur geehrt wurden und nach Stockholm reisen durften; doch dann, Rättin, würden wir mich im Dritten Programm hören, wie ich - wer sonst? - die Laudatio auf das verdiente Rattengeschlecht halte."

Dieser Text ist beides: Ein Auszug aus der Rättin und ein Auszug aus der Nobelrede. Was ist damit gemeint? Zum einen nimmt Grass hier auf sein eigenes Werk bezug, und arbeitet damit in gewisser Weise die Schreibstrategie des Fortsetzungsromans heraus, die er häufig in seinem Werk verfolgt (immer wieder dieselben Figuren die variiert werden; Intertextualität). Zum anderen inszeniert sich Grass hier selbst schon als Rättin. Er ist ja jetzt derjenige der geehrt wird, er ist offensichtlich die untergründige Botschaft, er ist die Rättin, diese groteske Gestalt, dieses Tier das man nicht mag, und das benutzt wird zu Experimenten. Grass ist sozusagen Sisyphos, der die Last auf seinen Schultern trägt, und das Versuchskaninchen gleichzeitig. Die Botschaft des 5ten Kapitels aus der *Rättin* ist sehr deutlich: diese hätte eigentlich den Nobelpreis verdient, weil sie immer wieder ihr Fell oder ihren Körper hingehalten hat um Experimente an ihr durchzuführen. Pathos regiert die Nobelpreisrede, es zielt darauf das eigene Werk, die Person zu überhöhen.

Die Rättin ist eine Art Schlüsseltext für Grass. Die Bezeichung als Roman, wäre etwas schief. *Die Rättin* ist ein Prosawerk mit nur sehr vage erkennbarem Plot - ein Intertext. *Die Rättin* ist der intertextuelle Text schlechthin. Der Plot/Intertext beruht auf mehreren Merkmalen: eine echte Raumordnung oder Zeitfolge lässt sich hier nicht zugrunde liegen, denn die Roman-Zeit ist vorbei. Die späten 80er: es ist die Generation des No-Future, die Umweltzerstörung wird Begriff und wird für die Generation identitätsstiftend die dagegen kämpft, die Friedensbewegung, Tchernobyl, Weltsterben, die atomare Aufrüstung, ... Das sind Dinge die seit der zweiten Hälfte der 80er Jahre eine wesentliche Rolle spielen, und den Text *die Rättin* mit beeinflussen. Die Stimmung kann man wohl als Apokalypse bezeichnen, und diese versucht der grass'sche Text als literarisches Mittel zu erzeugen. Das Motiv der Rättin soll nich die kleine feine weiße Laborratte sein, sondern die hässliche braune Wanderratte, verächtlich auch Kanalratte genannt. Der Erzähler der sich dann auch wieder undercover nicht als Erzähler gibt, wünscht sich zu Weihnachten eine Ratte weil es ihm so gut geht, und die Ratte soll ihn aus seinem Wohlgefühl herausreißen. Das tut sie auch. Es ist der Mangel am Bösen, der den Erzähler zur Ratte führt. Die Ratte ist im besten Sinne des Wortes eine Leseratte, sie verschlingt alles: religiöse Texte, das alte Testament, Genesis VI, die Apokalypse, die Sintflut, die Proteste der Ratte warum Noah sie nicht mit auf die Arche nahm, die Offenbarung des Johannes, Nostradamus, Albert Camus Peste, Martin Luther, ... und sie zitiert immer wieder das Lied vom *bucklicht Männlein*. In der Blechtrommel war es die schwarze Köchin, in der Rättin ist es das bucklicht Männlein - groteske Gestalten die immer wieder auftauchen im grass'schen Werk, auf die Intertextualität verweisen und darauf, dass er mit der Ästhteik des Hässlichen, des Ekelhaften aber auch des Wunderbaren zu tun haben möchte. *Die Rättin* ist also ganz wesentlich ein Intertext, ein Science-Fiction, ein vielgestalteter Text der die Literatur in sich schon verabschiedet. Die Ratte ist das Tier des Mülls, und alle diese Texte die sie liest werden literarisch auf den Müll getragen. Das Leitthema ist im Grunde immer wieder: Gibt es so etwas wie Vernunft? oder Offenbarung? Die Rättin ist die Figur die ein Abgesang auf Offenbarung, Vernunft und dergleichen formuliert. Eines Tages - sodann der Schluss - kommt es zu einem atomaren Krieg, und überleben soll nur das Rattengeschlecht, aber auch das wird nicht überleben, denn die Ratten fressen sich untereinander auf. Zwischendurch taucht noch einmal das gesamte Figurenarsenal der grass'schen Texte auf: der Butt, Oskar Matzerath (mittlerweile ein erfolgreicher

Regisseur) usw. Hier überlagern sich dann die Ebenen von Zeit und Ort. Oskar als Filmregisseur, dreht so eine Art politische Comic-Strips über das Waldsterben, über die falschen 50er, ... Der Text *Die Rättin* ist mit anderen Worten nicht nur ein intertextueller Text, sondern auch ein multimedialer Text.

Der posthumane Rattenstaat aber geht nun an den Schlechtigkeiten der Ratten selbst zugrunde - die Ratten erweisen sich als Kannibalen. Die Kreatur ist "nicht besser als der Mensch". Was bleibt ist ein Traum von der schönen und sanften Natur, ein Traum der aber immer wieder scheitern muss. Der Text ist auch (und das ist vielleicht sein drittes großes Merkmal neben intertextuell und multimedial) ein Text der Selbstkanonisierung, und deshalb eignet er sich so gut für die Nobelvorlesung. *Die Rättin* ist ein großartiger Versuch der Selbstkanonisierung, weil alle Texte von Grass dort wieder auftauchen (in veränderter Form). Selbstkanonisierung, zugleich Nachruf auf das eigene Werk, das mit der Rättin eigentlich an sein Ende gekommen ist. Und so bringt Grass noch einmal in der Rättin seine Poetik auf einen Satz: "Alles Schöne ist schief". Oder mit anderen Worten: Alles Schöne ist grotesk.

Die Blechtrommel und *Die Rättin* sind die zwei wirklich großen Texte von Grass, an denen man seine Poetik sowohl als auch sein Schreiben ganz gut verdeutlichen kann. Das steigert sich in Hinsicht auf die Zunahme von Intertetxualität. Umstritten sind seine Texte notorisch, das gilt also nicht nur für das Israel-Gedicht. Umstritten war und ist bis heute auch *Die Rättin*, weil (das war in den 80er Jahren sozusagen noch die Standardsituation) Marcel Reich-Ranicki die Rättin verriss.